FrauenGottesDienste

FRAUEN GOTTES DIENSTE

Modelle und Materialien

Thema: In Würde leben

Herausgegeben von
Marie-Luise Langwald/
Isolde Niehüser

Unter Mitarbeit von
Irmentraud Kobusch

KlensVerlag/Schwabenverlag

Bibliografische Information Der Deutschen Bibliothek
Die Deutsche Bibliothek verzeichnet diese Publikation in der Deutschen Nationalbibliografie; detaillierte Informationen sind im Internet über <http://ddb.de> abrufbar.

Umschlaggestaltung: Finken & Bumiller, Stuttgart
Umschlagmotive: Bildagentur mauritius GmbH, Mittenwald (DNA) und zefa/Ansgar, Düsseldorf (Frau und Kind)
Satz: Schwabenverlag mediagmbh, Ostfildern
Notensatz: Matthias Heid, Rottenburg
Druck: Süddeutsche Verlagsgesellschaft mbH, Ulm
Printed in Germany

ISBN 3-7966-1116-8 (Schwabenverlag)
ISBN 3-87309-212-3 (KlensVerlag)

Inhalt

Liebe Leserinnen und Leser,

die Reihe FrauenGottesDienste erfreut sich nach wie vor im Abonnementbezug und im Einzelverkauf großer Beliebtheit. In den bisher – seit 1996 – erschienenen 15 Bänden finden sich eine Fülle von Gottesdienstmodellen, Materialien und Anregungen für die praktische Arbeit in Gemeinden und Frauengruppen, auf die wir aus dem Kreis unserer Leserinnen und Leser immer wieder positive Rückmeldungen erhalten.

Inhaltlich verantwortet wird die Reihe von zwei Herausgeberinnen. Diese legen die Themen fest, schauen sich nach Gottesdienstmodellen und spannenden Anregungen aus der Praxis um, sichten die Manuskripte, suchen neue Autorinnen und Autoren und vieles mehr. Kurz gesagt: die Herausgeberinnen konzipieren die Buchreihe und bestimmen deren Gesicht.

Mit dem nun vorliegenden Band 15 »In Würde leben« gibt es ein neues Herausgeberinnenteam: Frau Marie-Luise Langwald, die bereits seit Band 9 »Gemeinschaft« als Herausgeberin tätig ist, und Frau Isolde Niehüser. Marie-Luise Langwald ist Diplomtheologin und Gemeindereferentin und arbeitet als Diözesanreferentin und geistliche Begleiterin der kfd und Frauenseelsorge im Bistum Essen. Isolde Niehüser ist Lehrerin der Sekundarstufe I/II mit den Fächern Katholische Theologie und Sport und arbeitet als Bildungsreferentin und Abteilungsleiterin in der Verbandszentrale der Katholischen Frauengemeinschaft Deutschlands (kfd) in Düsseldorf. Unterstützt und beraten werden die Herausgeberinnen von Irmentraud Kobusch als Freie Mitarbeiterin. Frau Kobusch hat Germanistik und Geschichte studiert, ist seit vielen Jahren Familienfrau und seit 1995 ehrenamtliche Vorsitzende der kfd im Diözesanverband Essen.

Wir freuen uns sehr, Ihnen dieses neue Team vorstellen zu dürfen, und hoffen, dass Sie unsere Buchreihe FrauenGottesDienste weiterhin mit viel Freude lesen und in Ihrer Arbeit häufig und praxisnah einsetzen können.

Am Ende dieses Bandes finden Sie ein Liedregister: Es wird in Zukunft mit jeder Ausgabe aktualisiert und ermöglicht so einen schnellen Zugriff auf die große Menge der Lieder, die schon in FrauenGottesDienste abgedruckt wurden.

KlensVerlag, Düsseldorf *Schwabenverlag, Ostfildern*

THEMA
IN WÜRDE LEBEN

Hinführung

In Würde leben

Menschen besitzen Würde auf Grund ihres Menschseins. Mit der Menschwerdung ist Würde so fundamental verknüpft, dass diese (von) niemandem abgesprochen oder verweigert werden kann. Würde gehört wie Freiheit zu den unveräußerlichen Gütern, die durch das Grundgesetz geschützt sind: »Die Würde des Menschen ist unantastbar« (Grundgesetz der Bundesrepublik Deutschland, Artikel 1). Doch was gesetzlich geschützt werden muss, ist gleichzeitig bedroht. Insofern bedeutet über Würde zu sprechen oder zu schreiben meist eine Problemanzeige.

Die Würde des Menschen in allen Lebensphasen zu schützen ist eine Forderung, die in aktuellen Diskussionen immer wieder erhoben wird. Meinungsverschiedenheiten zur Gen- und Reproduktionsmedizin, zum Schutz werdender und sterbender Menschen oder zu gerechten Arbeitsbedingungen von Frauen spiegeln wider, dass das Verständnis von Würde unterschiedlich ist.

Menschenwürde ist vielfältig bedroht. Dies wird täglich in der Berichterstattung der Zeitungen und Rundfunkanstalten sichtbar. Alle sind zum Nachdenken und Handeln herausgefordert. Mit »In Würde leben« leistet FrauenGottesDienste dazu einen Beitrag. Die Zusage, würdevoll leben und sterben zu dürfen, wird im Beten, Singen, Meditieren und Feiern erfahrbar.

In Würde leben ... vom Anfang bis zum Ende

Würdevolles Leben umfasst den ersten Impuls zum Werden bis zum Tod. Das Titelbild zeigt einen DNA-Strang. Er enthält alle vererbten Informationen, die einer Person auf ihrem individuellen Entwicklungsweg gegeben sind. Er ist die biologische Grundlage, die einzigartig und unverändert bleibt von der Geburt bis ins Alter. Weil

Menschen nach dem Bild Gottes geschaffen sind und Gott selbst Mensch geworden ist, haben sich göttliche und menschliche (Lebens-)Geschichten eng verwoben. Daraus erwachsen menschliche Würde und Wert, Vertrautheit und Geborgenheit. Die Gottesdienste »FrauenWert und FrauenWürde«, »Erinnern ist ein Schritt zurück ins Leben« und »Ich habe dich eingezeichnet in meine Hände« greifen besonders diese Gedanken auf.

In Würde leben ... weltweit

Die Blickrichtung soll auch über die Enge persönlicher und nationaler Grenzen und Lebensräume hinaus geöffnet werden. Mit »Weltweit in Würde leben« werden die unterschiedlichen Erfahrungen von Frauen betend zusammengeführt.

In den Beiträgen dieses Bandes zeigt sich ein Spannungsbogen, der Leben und Tod, Hoffnung und Abschied umfasst. Steine werden zum Symbol für Schwere, Lichter künden von Zuversicht. Letztlich soll die Freude am Leben gestärkt werden. Denn stärker als der Tod ist das Leben.

Isolde Niehüser

Gottesdienste

FrauenWert und FrauenWürde

EUCHARISTIEFEIER

Lied

»Suchen und fragen« (kfd-Liederbuch, Nr. 9)

Einführung

»Suchen und fragen, hoffen und sehn, ... Planen und bauen, Neuland begehn ...« – Das Lied drückt unsere Stimmung aus. Wir bringen in diesen Gottesdienst viele Begriffe und Fragen mit: Zeugung im Reagenzglas, Präimplantations-Diagnostik, Pränatal-Diagnostik. Was passiert mit den Embryonen? Was ist der Mensch? Wann beginnt menschliches Leben? Welchen Wert hat der Mensch?
Alle Ratlosigkeit, alle Fragen und auch alle Ängste tragen wir in diesem Gottesdienst vor Gott.

Kyrieruf

Viele Fragen bedrängen uns. Wir suchen nach Orientierung und rufen dich in unserer Mitte an:
Kyrie eleison. *(Wenn der Kyrie-Ruf gesungen wird: kfd-Liederbuch, Nr. 109)*

Wer sagt uns, was richtig ist? Wir suchen nach Antworten und rufen dich in unserer Mitte an:
Christe eleison.

Ängste machen sich breit. Wir suchen nach Zuspruch und rufen dich in unserer Mitte an:
Kyrie eleison.

Tagesgebet

Gott, du hast die Würde der menschlichen Natur wunderbar erschaffen und du hast sie durch die Menschwerdung deines Sohnes noch wunderbarer erlöst. Du lässt uns teilhaben an der Gottheit Jesu Christi, der herabgekommen ist und unsere Menschennatur angenommen hat.

Hilf uns, die unauslöschliche Würde aller Menschen immer mehr zu erkennen und bewusst zu machen.

Darum bitten wir durch Jesus Christus, deinen Sohn, der mit dir lebt und wirkt in der Einheit des Heiligen Geistes, Gott von Ewigkeit zu Ewigkeit.

Erste Lesung

Gen 1,26–28 Lasst uns Menschen machen als unser Abbild, uns ähnlich

Musik

Zweite Lesung

2 Kor 3,18 Wir werden in sein eigenes Bild verwandelt

Halleluja

»Halleluja« (GL 531,3)

Evangelium

Mt 7,24–27 Das Haus auf dem Felsen

Überleitung

Bio-Ethik, Gen-Technologie, Embryonenschutz, Forschung. Was ist der Mensch? Darf der Mensch sein eigener Schöpfer sein? Wir suchen nach Orientierung. Das Evangelium, auf das wir gehört haben, regt uns an, nach dem Fundament zu fragen, auf dem unser Menschenhaus steht.

»Wer meine Worte hört und danach handelt, ist wie ein kluger Mensch, der sein Haus auf Fels baute.«

Die Lesungen aus dem Schöpfungsbericht und aus dem Brief an die Gemeinde in Korinth geben uns die Richtung an, weisen uns hin auf das Fundament menschlichen Lebens. Einige Grundsteine unseres Fundamentes wollen wir benennen:

Sechs Kartons werden gebracht, auf die sechs Begriffe geschrieben sind: Gottebenbildlichkeit, Inkarnation, Menschwerdung, Menschenwürde, Ich bin kostbar!, Du bist mir wertvoll!

Sie werden zu einigen unbeschrifteten Kartons auf den Boden gelegt und bilden so ein »Fundament«. Die folgenden Texte werden von verschiedenen Frauen gelesen:

Fundament-Steine

Gottebenbildlichkeit

Der Mensch ist geschaffen nach Gottes Bild.
Für mich heißt das: Ich bin Gottes Bild. Die Größe und Herrlichkeit Gottes, seine Weisheit und seine Liebe spiegeln sich in mir. Wer mich sieht, sieht etwas von Gott.
Und das gilt für alle Menschen.

Inkarnation

Gott hat Menschenleib angenommen.
Für mich heißt das: Gottes Liebe zum Menschen ist so groß, dass er in Jesus einen menschlichen Leib angenommen hat. Er hat Hunger und Durst, Trauer und Angst, Freude und Hoffnung mit dem Menschen geteilt. Gott ist an meine Seite gekommen, damit ich den Weg zum Leben finde.
Und das gilt für alle Menschen.

Menschwerdung

Gott ist Mensch geworden.
Für mich heißt das: Er hat mein Leben geteilt und dadurch noch wertvoller gemacht. Alles, was mir begegnet, ist Gott nicht fremd. Er hat es selbst erlebt in seinem Sohn Jesus. Weil Jesus einer wie ich geworden ist, kann ich an ihm ablesen, wie Leben gelingen kann.
Und das gilt für alle Menschen.

Menschenwürde

Die Würde des Menschen ist unantastbar.
Für mich heißt das: Wenn der Mensch würdig ist, Gottes Bild zu sein, dann ist jeder Mensch Gottes Bild, dann ist jeder Mensch einmalig und unverwechselbar, dann darf ich nicht mit ihm experimentieren, dann darf ich weder an seinem Anfang noch an seinem Ende menschliches Leben vernichten.
Und das gilt für alle Menschen.

Ich bin kostbar!

Jeder Mensch hat einen unendlichen Wert.
Für mich heißt das: Ich bin kostbar, auch wenn ich Schwächen habe und Fehler, wenn Krankheit oder Schuld mein Leben behindern. Ich bin mehr wert als die Substanz meines Körpers. Ich bin ein Edelstein.
Und das gilt für alle Menschen.

Du bist mir wertvoll!

Jeder Mensch ist von Gott unendlich geliebt.
Für mich heißt das: Gott sagt zu mir: Ich habe dich geschaffen. Ich habe meine Liebe in dich hineingelegt. Deshalb bist du wertvoll. Nicht wegen deiner Leistung, nicht wegen deiner Schönheit, nicht wegen deiner Gesundheit, wegen meiner Liebe bist du wertvoll. Niemand kann dir diesen Wert nehmen.
Und das gilt für alle Menschen.

Kanon

»Im Anschauen deines Bildes« (s. S. 70)

Fürbitten

Gott des Lebens, mit unseren Bitten kommen wir zu dir:

- Wir bitten dich um Ehrfurcht vor dem Leben für alle, die in Forschung und Technik tätig sind.
- Wir bitten dich um Mut für alle, die in der Politik Entscheidungen treffen.
- Wir bitten dich um Stärke für alle, die mit Behinderten leben und arbeiten.
- Wir bitten dich um Liebe für alle, die andere in Krisenzeiten begleiten.
- Wir bitten dich um Weisheit für alle, die in den Medien Verantwortung haben.
- Wir bitten dich für uns selbst um die Kraft, uns einzumischen und unsere Überzeugungen zu vertreten, wo die Würde des Lebens bedroht ist.

Diese und alle unsere Bitten tragen wir vor dich. Höre und erhöre uns. Amen.

Gabengebet

Gott, wir bringen dir unsere Gaben dar. Nimm sie an und gib, dass wir durch den Tausch deiner Gottheit und unserer Menschheit deinem Sohn gleichgestaltet werden, durch den unsere menschliche Natur mit deinem göttlichen Wesen vereint ist. Darum bitten wir durch ihn, Christus, unseren Bruder und Herrn.

Sanctus

»Heilig« (kfd-Liederbuch, Nr. 111)

Nach der Kommunion

Du, ewiger Gott, hast mich in dir geschaut und erkannt. Weil du mich in deinem Lichte schautest, hast du dein Geschöpf, ganz in es verliebt, aus dir hervorgezogen und es nach deinem Bild und Gleichnis erschaffen.

(Katharina von Siena)

Schlussgebet

Gott, in dieser Feier hast du uns an deinem göttlichen Leben Anteil geschenkt.
Lass uns niemals von dir getrennt werden, sondern bewahre uns in deiner Liebe. Stärke in uns das Bewusstsein unserer Würde und festige die Kraft, nach deiner Weisung zu leben.
Darum bitten wir durch Christus, unseren Bruder und Herrn.

Segen und Sendung

Segne uns und sende uns, Gott, der du jeden Menschen wunderbar erschaffen hast nach deinem Bild und Gleichnis. Segne uns und sende uns, Jesus Christus, der du Mensch geworden bist wie wir und unser Leben geteilt hast. Segne uns und sende uns, Heiliger Geist, dass wir unsere Verantwortung wahrnehmen, wo immer die Würde des Menschen bedroht ist. Es segne uns und sende uns Gott, der Vater, der Sohn und der Heilige Geist. Amen.

Lied

»Gott gab uns Atem« (kfd-Liederbuch, Nr. 98)

kfd-Diözesanverband Essen

Weltweit in Würde leben

EUCHARISTIEFEIER

Liturgische Eröffnung und Einführung

Die Würde vieler Frauen in der Welt ist bedroht. An vielen Orten wird sie verletzt. Manchmal ist auch unsere eigene Würde in Gefahr. Unsere Fragen, unsere Hilflosigkeit, unsere Sehnsucht nach würdevollem Leben tragen wir in dieser Stunde vor Gott.

Lied

»Ihr Mächtigen, ich will nicht singen« (kfd-Liederbuch Nr. 26,1–2)

Begrüßung von Waschti und Ester

Die Würde vieler Frauen in der Welt ist bedroht. Zu allen Zeiten wurde sie verletzt. Wir haben zwei Frauen eingeladen, die vor mehreren tausend Jahren in Persien gelebt haben: die Königinnen Waschti und Ester. Wir begrüßen euch in unserer Mitte. Es ist schön, dass ihr zu uns gekommen seid. Dürfen wir euch bitten, dass ihr uns ein wenig von euch erzählt?

Waschti stellt sich vor

Ich bin Waschti, eine verstoßene Königin. Mein Mann, König Artaxerxes von Persien befahl, dass ich bei einem Trinkgelage erscheinen solle, mit dem königlichen Diadem geschmückt. Er wollte, dass das Volk und die Fürsten meine Schönheit bewunderten. Ich weigerte mich. Ich wollte mich nicht zur Schau stellen lassen. Der König wurde zornig und seine Fürsten rieten ihm, mich zu bestrafen. Sie hatten Angst, dass mein Verhalten anderen Frauen bekannt würde und dass sie sich ein Beispiel an mir nähmen. Ich wurde vom Hof verstoßen. Den Rang einer Königin hat man mir weggenommen.

Dieses wurde allen Provinzen mitgeteilt, damit alle Männer Herr in ihrem Haus blieben.

Ester stellt sich vor

Ich bin Ester. Ich bin Jüdin und mit meinem Onkel Mordechai nach Persien gekommen. Mich machte Artaxerxes anstelle Waschtis zur Königin. Zu meinem großen Schrecken musste ich erfahren, dass mein Volk durch eine am Hof eingefädelte Intrige von der Vernichtung bedroht war. Meine Fürsprache beim König war die letzte Hoffnung für mein Volk. Mein Onkel drängte mich zu handeln. Ich aber hatte große Angst und zögerte. Schließlich wusste der König nicht, dass ich Jüdin war. Außerdem war es bei Todesstrafe verboten, ungerufen vor dem König zu erscheinen. In dieser Situation traf mich Mordechais Frage: »Wer weiß, ob du nicht gerade dafür in dieser Zeit Königin geworden bist?«

Ich habe alle Juden gebeten, für mich zu fasten und zu beten. Zusammen mit meinen Dienerinnen habe ich es auch getan. Ich hatte Todesangst. Das Gebet hat mich gestärkt. Ich habe allen Mut zusammen genommen, meine Prunkgewänder angelegt und bin zum König gegangen. Ich konnte den König auf meine Seite ziehen und so mein Volk retten.

Kyrieruf

Jesus Christus, du hast dich eingesetzt, damit Menschen in Würde leben können.
Kyrie eleison. (kfd-Liederbuch, Nr. 109)

Jesus Christus, du richtest auch heute Menschen auf.
Kyrie eleison.

Jesus Christus, du bist bei allen, die sich um Gerechtigkeit mühen.
Kyrie eleison.

Tagesgebet

Gott, du hast uns geschaffen, und es ist dein Herzensanliegen, dass alle Menschen in Würde leben können.
Hilf uns, dass wir nicht müde werden, wenn wir uns für Gerechtigkeit einsetzen. Stärke uns durch diese Feier und festige in uns das Bewusstsein unserer Würde.
Darum bitten wir durch Jesus Christus, deinen Sohn, unseren Bruder, der mit dir und dem Heiligen Geist lebt und wirkt in Ewigkeit.

Lesung

Est $4{,}17^{l}$–17^{z} Gebet der Ester

Gespräch mit Waschti und Ester

Frau:
Frauen der kfd haben sich heute mit einem schwierigen Thema befasst: Weltweit in Würde leben. Menschenrechtsverletzungen kamen zur Sprache und verschiedene Unterdrückungssituationen. Waschti und Ester, wir haben euch beide eingeladen, weil auch ihr Frauen seid, deren Würde verletzt worden ist. Könnt ihr erzählen, wie es euch ergangen ist?

Waschti:
Ich lebte als Königin am Hof des Artaxerxes. Nach einem Festmahl, bei dem viel getrunken worden ist, wollte der König mit meiner Schönheit prahlen. Er wollte mich zur Schau stellen. Das konnte ich nicht ertragen. Ich habe gespürt, dass meine Würde bedroht war. Ich musste mich schützen.

Ester:
Bei mir war es etwas anders. Mein jüdisches Volk lebte in der Verbannung in Persien. Dort gab es eine Verschwörung gegen unser Volk. Alle Juden sollten getötet werden.

Frau:
Ein ganzes Volk sollte vernichtet werden?

Ester:
Ja. Aber ich wollte es nicht hinnehmen. Und da habe ich den Kampf aufgenommen und bin ungefragt zum König gegangen. Das war streng verboten. Ich habe das Risiko auf mich genommen, getötet zu werden.

Frau:
War deine Tat die einsame Tat einer einzelnen Frau?

Ester:
So sieht es aus. In Wirklichkeit gab es viele Verbündete. Vor allem Mordechai, mein Onkel. Mit ihm konnte ich alles besprechen. Wichtig war mir mein Volk, vor allem die Frauen, die mit mir fasteten und beteten. Und Gott war bei mir. Ihm habe ich all meine Angst gesagt. Ich wollte die Unterdrückung nicht hinnehmen.

Frau:
Mir scheint, das verbindet euch zwei.

Waschti:
Stimmt! Allerdings habe ich nur für mich gekämpft.

Frau:
Das hört sich so abwertend an. Ich finde es sehr ungewöhnlich für deine Zeit, dass du dich geweigert hast, dem Wunsch deines Mannes nachzukommen.

Waschti:
Das ist wahr. Aber ich konnte es wirklich nicht ertragen, dass er mich so ausstellen und vorführen wollte. Es ging dem König, meinem Mann, nicht um mich. Er wollte nur mit meiner Schönheit prahlen. Und das vor all den Betrunkenen. Ich war es mir selbst schuldig, mich zu weigern.

Frau:
Ist es dir schwer gefallen?

Waschti:
Ja, sehr! Ich glaube, es fällt den meisten Frauen schwer, nein zu sagen. Wir leisten nicht gerne Widerstand.

Frau:
Stimmt das? Ich kenne viele Frauen, die wie die Löwinnen für ihre Kinder kämpfen. Oder für ihre Männer. Ich weiß auch von vielen Frauen, die sich engagieren für die Würde der Frauen in der Welt.

Waschti:
Ja! Sie engagieren sich für alle möglichen Leute. Für andere! Aber für sich selbst? Welche Frau sagt gerne nein, wenn es nur um sie geht? Ich glaube, das geht den Frauen heute auch noch so.

Ester:
Das ist sicher alles richtig. Uns selbst zu schützen, das fällt uns Frauen schwer. Aber glaubt ja nicht, mir sei der Einsatz für die anderen so leicht gefallen. Ich habe den Kopf hingehalten für mein Volk, obwohl ich selbst gar nicht gefährdet war. Schließlich wusste der König nicht, dass ich Jüdin bin.

Frau:
Entschuldige, Ester. Ich möchte wirklich nicht gering schätzen, was du getan hast. Es stimmt, auch heute ist es oft gar nicht leicht, sich für andere einzusetzen. Viele sehen weg, wenn jemand angegriffen wird. Auch wenn sie wissen, dass im eigenen Haus eine Frau geschlagen wird. Mir fällt es auch oft leichter, meine Haut zu retten, als mich unbeliebt zu machen. Und oft habe ich Angst, dass ich mich durch mein Handeln in Gefahr bringen könnte!

Waschti:
Mich hat es sehr beeindruckt, dass du so mutig warst, Ester. Ich hatte immer den Eindruck, dass du stark sein konntest, weil du mit deinem Gott im Bunde warst.

Ester:
Danke, dass du das so deutlich sagst. Ja, so war es. In meiner großen Angst wusste ich, dass Gott allein meine Hilfe sein kann. Und auch sein will.

Frau:
Not lehrt beten?

Ester:
Sicher. Mir war das Gebet eine ganz große Kraftquelle. Es hat mich stark und mutig gemacht. Ich habe aber nicht erst in der Not angefangen zu beten.

Frau:
Also warst du eine ganz Fromme?

Ester:
Was ist das? Ich habe das Wort »Gott« nicht ständig im Munde geführt. Ich muss nicht immer von Gott reden. Aber ich bin fest davon überzeugt, dass er handelt. Dass er auf unserer Seite steht.

Waschti:
Auf der Seite deines jüdischen Volkes?

Ester:
Auch. Aber nicht nur. Gott steht auf der Seite der Unterdrückten. Aller Unterdrückten. Gott ergreift Partei für sie. Das hat er immer wieder bewiesen.

Frau:
Frauen sind dabei aber oft durchgefallen!

Ester:
Wenn ich euch richtig verstehe, dann hat Jesus immer wieder Partei für die Schwachen ergriffen. Und scheinbar waren das ja nicht nur zu unserer Zeit besonders die Frauen. Jesus hat vielen Frauen ihre Würde wiedergegeben.

Waschti:
Dann hätte er sicher Freude an meinem Nein gehabt!

Frau:
Das glaube ich bestimmt. Ich möchte euch danken, dass ihr hingeschaut und gehandelt habe. Euer Mut tut uns Frauen heute gut!

Evangelium

Lk 4,17b–21 Jesus predigt in der Synagoge in Nazaret

Predigt

- Armen eine gute Nachricht bringen
- Gefangenen die Entlassung verkünden
- und Blinden das Augenlicht
- Zerschlagene in Freiheit setzen

Was Jesaja über den Messias gesagt hat, das hat sich in Jesus erfüllt. Das »Heute«, von dem er spricht, geschieht jeden Tag neu. Er hat die gute Nachricht verkündet und lebendig gemacht. Er hat sich für Freiheit und Gerechtigkeit eingesetzt. Er hat dafür gesorgt, dass Menschen ihre Würde zurückerhalten und in Würde leben können.

Wir leben in der Nachfolge Jesu, wenn wir uns dafür einsetzen, dass Menschen in Würde leben. Wie Waschti dürfen wir für unsere eigene Würde kämpfen. Wie Ester sollen wir für die Würde anderer kämpfen. In der Nachfolge Jesu tragen wir dazu bei, dass
- Arme das Evangelium hören
- Gefangene befreit werden
- Kranke Heilung erlangen
- Frauen weltweit in Würde und Freiheit leben können.

Fürbitten

Zwischen den einzelnen Fürbitten wird eine kurze Stille gehalten.

Wir wollen beten für alle Menschen, deren Würde verletzt wird, und für die, die ihnen beistehen:

- Wir beten für alle Frauen und Männer, die Zwangsarbeit leisten mussten, für alle Frauen und Männer, die an Aids erkrankt sind, für die Witwen in den Bürgerkriegsgebieten.
- Wir beten für alle, die unter Armut und Hunger leiden, für alle, die sorgen, damit Menschen zu essen haben, für alle Frauen, die aus religiösen Gründen unterdrückt werden.
- Wir beten für alle Frauen und Mädchen, die Opfer von Menschenhandel werden, für alle Frauen und Mädchen, die Opfer von Beschneidung sind, für alle, die unter einem Trauma der Verfolgung leiden.

Gott, du willst die Würde aller Menschen. Öffne uns immer neu die Augen, hilf uns, hinzuschauen und zu handeln. Amen.

Gabenbereitung

»Wenn wir das Leben teilen« (kfd-Liederbuch, Nr. 42,1–4)

Gabengebet

Vater im Himmel, lege deinen Geist in unser Herz, damit er uns belebe und heilige, uns stärke im Bewusstsein unserer Würde und uns zu einer Gabe mache für dich. Darum bitten wir durch Christus, unseren Erlöser.

Friedenslied

»Unfriede herrscht auf der Erde« (kfd-Liederbuch, Nr. 79,1–2)

Dank

»Jeder Mensch dieser Erde« (kfd-Liederbuch, Nr. 97)

Schlussgebet

Liebender Gott, in dieser Feier hast du uns gestärkt mit dem Fleisch und Blut deines Sohnes.
Lass uns in der Kraft dieser Speise unseren Weg zuversichtlich gehen und uns einsetzen für die Würde der Menschen. Darum bitten wir dich durch Christus, unseren Erlöser.

Segen und Sendung

Wir haben miteinander Gottesdienst gefeiert. Jesus Christus hat uns gestärkt und Mut gemacht für unseren Alltag, für unseren Auftrag, die Würde von Frauen weltweit zu verteidigen.

Wir haben miteinander Gottesdienst gefeiert. Wir haben Waschti und Ester kennen gelernt. Sie haben uns Mut gemacht. Sie haben uns angesteckt mit ihrem Mut, mit ihrem Willen, Unterdrückung nicht hinzunehmen. Wir sagen ihnen Dank.

Bevor wir nun auseinandergehen, wollen wir uns verbünden: mit unserem Gott, mit Waschti und Ester, mit allen Frauen der Jahrhunderte, die sich für die Würde eingesetzt haben, mit den Frauen weltweit, die um ihre Würde kämpfen.
Wir wollen uns verbünden und eine Menschenkette bilden, eine Kette der Solidarität. Dazu fassen wir einander jetzt an den Händen.

Wir stehen in der Gemeinschaft der Frauen, wir machen einander Mut und stützen einander. Wir sind im Bund mit Gott, dem die Würde aller Menschen ein Herzensanliegen ist. So miteinander und mit ihm verbunden bitten wir um den Mut der Waschti und der Ester, um ihre Stärke und um den Segen unseres Gottes: Geh mit uns, Gott. Stärke uns. Begleite uns mit deinem Segen. Wo wir auch stehen, mache dein Mut uns stark.

Segen

Zeichen zum Abschluss

Zur Erinnerung an diese Kette der Solidarität teilen wir Kettenglieder aus.

Eine Kette mit großen Perlen, die zuvor am Altar gehangen hat, wird aufgeschnitten. Alle bekommen eine Perle zur Erinnerung.

Schlusslied

»Wir haben Gottes Spuren festgestellt« (kfd-Liederbuch, Nr. 12)

Irmentraud Kobusch und Marie-Luise Langwald

Erinnern ist ein Schritt zurück ins Leben

GEDENKGOTTESDIENST FÜR VERSTORBENE KINDER

Die Besucher und Besucherinnen werden beim Betreten des Kirchenraumes durch den Seelsorger/die Seelsorgerin oder durch eine Mitwirkende einzeln begrüßt und erhalten einen Programmzettel.

Instrumentalmusik

Begrüßung

Lied

»Aus der Tiefe rufe ich zu dir« (s. S. 68)

Klagepsalm

Das Leben geht weiter, sagen sie mir.
Sie wollen mich trösten, aber es ist Hohn in meinen Ohren.
Mein Herz krampft sich zusammen.
Die Kehle wird mir verschnürt.
Warum hat der Tod so viel Macht, auch über junges Leben?
Ist es denn dein Wille, Gott, dass er Kinder verschlingt?
Krankheit zerfrisst Menschen, die erst zu leben beginnen.
Sinnlosigkeit siegt wie eine Seuche.
Ich will nicht, dass es so bleibt.
Ich habe mich aufgebäumt,
aber mein Wille ist zerbrochen.
Wie weggeworfen fühle ich mich.
So viele Erwartungen sind zunichte.
Wünsche verwehten im Wind.
Sehe ich um mich das Leben,
so ist es bitter in meinem Mund.
Freude, Spiel, lustvolles Lachen machen mich starr.
Verdampft ist meine Zuversicht,

leer bleibe ich zurück.
Und nun, Gott, worauf soll ich hoffen?
Hast du denn noch Zukunft für uns?

Instrumentalmusik

Persönlicher Bericht

(Der Beitrag kann durch ein eigenes Zeugnis ersetzt werden.)

Wir gedenken unserer Verstorbenen. »Erinnern stiftet Erlösung« sagt ein jüdisches Sprichwort. Und Fulbert Steffensky formulierte es einmal so: »Die meisten von unseren Toten sind ja nicht alt und lebenssatt gestorben. Sie warten auf uns, dass wir ihre Lebensträume weiterträumen und die Arbeit tun, die ihnen aus den Händen gefallen ist.« Wir tragen ihre Hoffnung weiter. Wir machen vielleicht einen Gang auf die Gräber, zünden ein Licht an und halten Zwiesprache.

Auch ich habe einen Ort gesucht, an »den ich meine Trauer tragen kann«. Die gemeinsame Zeit mit meinen Kindern war kurz – sieben Schwangerschaftsmonate mit meiner Tochter Sunna Maria und drei mit dem Kind, das ihr vorangegangen ist, und dem ich später den Namen Knut Samuel gegeben habe.

Die ersten Herztöne, die ersten zarten Fußtritte im Bauch, das friedliche Gesicht, aber keine sichtbare Lebendigkeit …, daran erinnere ich mich, als wäre es gestern. Tot- und Fehlgeburt heißt es, und dafür gab es damals keine Beerdigung, kein Ritual des Abschieds.

Mein Ort ist der Gedenkplatz für nicht beerdigte Kinder auf dem Hamburger Friedhof Ohlsdorf, den ich initiiert, gestaltet und am 25. 9. 1999 mit vielen Menschen eingeweiht habe. Zur jährlich stattfindenden Feier kommen Menschen, die ein Kind durch Tot- und Fehlgeburt, aber auch durch einen Abbruch verloren haben.

Erinnern braucht den Schritt zurück ins Leben! Sehnsucht – ja, die gilt es auszuhalten. Das ist schmerzvoll, es ist das schwerste und zugleich tiefste Gefühl. Aber, wir haben auch einen Platz für uns, wir leben weiter, unser Platz ist hier.

Instrumentalmusik

Hinführung »Stein und Licht – Begegnung und Abschied«

Immer wieder haben Menschen Steine an Gräber gebracht. Und immer wieder ist das Licht für uns Zeichen der Hoffnung und Verbundenheit. Ich möchte Sie jetzt einladen, sich vorne im Altarraum einen Stein zu holen und mit einem der bereitliegenden Stifte den Namen Ihres verstorbenen Kindes, vielleicht auch einen Wunsch- oder Kosenamen bei den ganz Kleinen, darauf zu schreiben. Zusammen mit einem Licht, das Sie sich ebenfalls nehmen und an der Altarkerze anzünden können, tragen wir beides dann in einer Prozession durch den Mittelgang nach draußen auf den Friedhof. Wer möchte, kann dort verweilen oder mit uns wieder zurückkehren in die Kirche – zu einem abschließenden gemeinsamen Tanz im Altarraum, dem Gemeindelied, Gebet und Segen.

Bevor die Prozession beginnt, könnte an dieser Stelle eine Predigt gehalten werden.

Prozession (nach draußen)

Die Gemeinde geht an einen ausgewählten Platz auf dem Friedhof, z. B. an ein ganz altes Kindergrab. Dort werden in Stille die Steine und Lichter abgelegt. Nach einer Zeit der Stille bewegt sich die Prozession zurück in den Kirchenraum.

Lied

»Keinen Tag soll es geben« (s. S. 71)

Tanz

Es ist bei der Vorbereitung zu prüfen, ob der Altarraum für einen Kreistanz genügend Platz bietet. Vielleicht ist sonst im hinteren Teil der Kirche eine Möglichkeit, eine Mitte zu gestalten – z. B. ein großes rotes Tuch, in Herzform gelegt, mit einer roten Rose und einer einzelnen Kerze. Als einfacher Tanz bietet sich eine Bewegung zu Pachelbels »Kanon und Gigue« an. Der Einfachheit ist hier der Vorzug zu geben, denn das Wichtigste ist das gemeinsame Be-Gehen des Weges, in Verbindung mit den anderen Anwesenden (Handfassung und Blickkontakt). Man geht entgegengesetzt zum Uhrzeigersinn, entweder »nur« in Gehschritten oder: Re zur Seite, li kreuzt dahinter, re zur Seite, li kreuzt davor… Die Arme hängen locker mit Handfassung.

Vaterunser und Segen

Dieser Abschluss ist besonders eindrucksvoll und stärkend, wenn er im Kreis stattfindet und die persönlich formulierten Segensworte die tragende Gemeinschaft sowie den weiteren Lebens-Weg mit aufgreifen.

Susanne Schniering

Abschied nehmen

GEISTLICHER IMPULS

Lied

»Zeige uns den Weg« (kfd-Liederbuch, Nr. 10)

Einführung und Eröffnung

N. N. liegt im Sterben. Die Stunde kommt, da wir endgültig von ihr Abschied nehmen müssen. Abschied nehmen, gehen, loslassen müssen – das tut weh. Unsere Gedanken tappen im Dunkeln. Fragen werden aufgeworfen, Unsicherheiten bedrängen uns. Ängste. Wir spüren unsere Einsamkeit und die Endgültigkeit der Abschiedsstunde. Wir suchen nach Zeichen, die uns Trost geben können. Wir suchen etwas, das uns das Dunkel ertragen lässt: einen Lichtblick, einen Hoffnungsschimmer, eine Geste, die uns hält und Zuversicht schenkt.
Wir möchten in dieser Stunde Gott um seine Nähe bitten für *N. N.*, wir wollen auch um Hilfe für uns bitten, Abschied nehmen zu können. Wir bitten, dass Gott uns hält.
So beginnen wir: Im Namen des Vaters und des Sohnes und des Heiligen Geistes. Amen.

Lied

»Kleines Senfkorn Hoffnung« (kfd-Liederbuch, Nr. 89,1.2.5)

Psalm

Gott, hilf mir,
wie soll ich meine Not beschreiben?
Was mir lieb war, ist nicht mehr,
und von mir gerissen, woran ich hing.
Der Schreck ist mir in die Glieder gefahren,

und mein Leben kommt aus dem Rhythmus.
Es ist, als versänke ich in tiefem Morast,
denn meine Gedanken finden keinen Grund;
wie Füße im Treibsand
werde ich nach unten gezogen.
Es ist, als ob ich in tiefes Wasser geraten sei,
und die Fluten drohen über mir zusammenzuschlagen.
Wenn die Traurigkeit in mir hochkommt,
fühle ich zugleich Mattheit,
und der Blick meiner Augen
geht ins Leere.
Gott, ich warte auf dich,
zu dir rufe ich: Sei mir gnädig!
Erhöre mich
und hilf mir.
Errette mich, dass ich nicht versinke,
ziehe mich heraus aus der Wasserflut,
dass ich nicht untergehe
und die Tiefen mich nicht verschlingen.
Verbirg dein Angesicht nicht vor mir,
denn in mir steigt die Angst hoch.
Lass meine Seele deine Nähe spüren,
erlöse sie von allem, was quält.
Ich warte auf dich,
denn Trost ist schwer zu finden,
schütze mich
mit deiner Hilfe.

(in Anlehnung an Psalm 69)

Gedanken

Wenn wir Abschied nehmen müssen, fühlen wir wie der Beter dieses Psalms. Jede von uns kennt die Schmerzen des Abschieds. Wir haben Angst vor der Veränderung und sind hilflos. Doch immer wieder kommt es in unserem Leben vor, dass wir Abschied nehmen müssen. Abschied von liebgewordenen Menschen, von Kindern, die erwachsen oder unabhängig werden, von Gewohnheiten, weil die Lebensumstände sich ändern, oder weil wir älter werden.

Lassen Sie uns einige Zeit in Stille darüber nachdenken, wo wir in unserem Leben Abschied erlebt haben, welche Situationen des Abschieds wir kennen.

Musik

Gedanken

Es gibt Begegnungen, Zeichen, Momente und Gesten, die uns in Abschiedsstunden trösten können. Sie vermitteln uns Wärme und Geborgenheit. Wir brauchen und wünschen uns Menschen, die Trost spenden und wir kennen es auch, dass wir auf verschiedenste Weise Trost gespendet haben. Wir hören einige Anstöße, die uns aufzeigen, wie wir uns gegenseitig trösten können:
Was kann es bedeuten, jemanden zu trösten?
Was kann ich tun, um dem anderen Menschen nahe zu sein?

Ich kann ihn in den Arm nehmen oder ihm die Hand geben.
Vielleicht tut es ihm gut, wenn ich mit ihm schweige, lese, bete, mit ihm weine oder leise spreche.
Ich werde ihn erzählen lassen und ihm dabei zuhören, leise und behutsam Fragen stellen.
Wenn eine meine Hilfe braucht, sage ich sie ihr zu, versuche auf die unausgesprochenen Rufe zu antworten, ihr Entsetzen mit ihr zu teilen, ihre Wut und ihre Angst zu ertragen.
Ich schaue sie an und bin für sie da.
Ich warte auf sie, besuche sie oder schreibe ihr.
Ich dränge mich dem anderen nicht auf und habe keine fertigen Antworten parat, bin nur für ihn da, einfach nur da und respektiere ihn.
Ich suche mit ihr nach Sinn und teile mit ihr die Hoffnung auf Verstehen und Zukunft.

Lied

»Weißt du wo der Himmel ist« (s. S. 69)

Überleitung

Wenn wir alleine sind und voller Trauer, voll Schmerz und vielleicht allen Mut verloren haben, können Menschen für uns hilfreich sein. Menschen, die für uns da sind. Sie können uns Wärme und Trost spenden. Doch Gott ist unser letzter Halt. Ihm können wir uns immer öffnen, er schenkt uns Kraft und Zuversicht. Ihm und seiner Güte und Barmherzigkeit können wir vertrauen. Miteinander und in Gedanken verbunden mit *N. N.* beten wir gemeinsam Psalm 23.

Psalm

Psalm 23 (GL 718) gemeinsam beten

Wir denken an *N. N.* und alle, die die Schmerzen des Abschieds in sich tragen. Wir möchten lernen, uns gegenseitig zu halten und füreinander da zu sein. In dieser Verbundenheit beten wir gemeinsam.

Vaterunser

Segensgebet

Psalm 121 (GL 752,2)

So segne uns der Vater, der Sohn und der Heilige Geist. Amen.

Lied

»Gottes Wort ist wie Licht in der Nacht« (kfd-Liederbuch, Nr. 19)

Birgit Tebernum und Barbara Lang

»Ich habe dich eingezeichnet in meine Hände« (Jes 49,16)

WORTGOTTESDIENST

Begrüßung und Einführung

Wir versammeln uns als Gemeinschaft der Glaubenden zum Gottesdienst. Wir wollen die Gegenwart Gottes neu erfahren, zur Ruhe kommen und Kraft und Unterstützung für unseren Alltag gewinnen. Ich lade Sie ein, sich in einem Moment der Stille zu vergegenwärtigen, wie Sie heute vor Gott da sind.

Liturgische Begrüßung

Gebet

Gott, du hast jede Einzelne vor dich gerufen. Hier sind wir, bereit, dein Lob zu singen, dein Wort zu hören, deine Botschaft weiter zu tragen.

Lied

»Kommt herbei, singt dem Herrn« (GL 270,1–5)

Lesung

Jes 49,14–18 Ich habe dich eingezeichnet in meine Hände

Meditation zur Lesung

Die Lesung aus dem Buch Jesaja beginnt mit einer Erfahrung, die Menschen bis heute aussprechen: Gott hat mich verlassen, Gott hat mich vergessen. Sich von allen guten Geistern verlassen fühlen, sich im Letzten einsam fühlen, bedeutet, keinen Halt und Sinn, der über mein Eigenes hinausgeht, mehr zu erfahren.

Gottes Trost, der hier Zion, dem auserwählten Volk Israel gilt, wird im Bild beschrieben: Noch treuer als eine Mutter zu ihrem Kind steht, denkt Gott an sein Volk. Gott vergisst Israel nicht, denn er hat es in seine Hand geritzt: »Ich habe dich eingezeichnet in meine Hände.« Wir sind in Gott aufgehoben. Wir sind in seine Hände eingegangen. Wie ein Tattoo, wie ein unvergängliches Mal leuchten wir aus den Händen Gottes: unauslöschlich und schön anzusehen.

Um dieser Erfahrung nachzuspüren, lade ich Sie ein, die eigene Hand in die Hand zu nehmen. Betrachten Sie eine Weile Ihre Handinnenfläche. Entdecken Sie die Lebenslinien, von denen Wahrsagerinnen glauben, sie deuten zu können. Vielleicht fallen Ihnen Stationen Ihrer Lebensgeschichte ein: In welchen Situationen haben Sie für sich Wichtiges begriffen? Wo waren Lösungen in schwierigen Zeiten zum Greifen nahe? Wann wurden Sie handgreiflich?

Stille

Die eigene Hand ist einmalig. Sie erzählt vom persönlichen Leben. Sie ist einzig, so wie Gott jeden Menschen einzig und unverwechselbar geschaffen hat. Unsere Gottebenbildlichkeit gibt uns Würde und Ansehen. Wir sind nur wenig geringer als Gott geformt und dürfen uns geborgen wissen in seinen Händen.

Psalm

Psalm 8 Die Herrlichkeit des Schöpfers – die Würde des Menschen

Die Gemeinde betet den Psalm in zwei Gruppen im Wechsel.

Gedenken an nahe stehende Menschen – Fürbitten

Zu Beginn und zum Abschluss der Fürbitten wird der Liedruf zweimal wiederholt. Die Gemeinde steht dazu im Kreis mit durchgefasster Handhaltung.

Liedruf »Stark und schwach« (kfd-Liederbuch Nr. 47)

Guter Gott, wir bringen dir unser Gedenken an Menschen, die uns nahe stehen:

- Wir denken an Menschen, die leiden, die sich und ihr Leben in Frage stellen, die sich schwer tun, sich selbst anzunehmen.
- Wir denken an Menschen, die leise weinen, die Gewalt erfahren und stumm bleiben, die nach ihrer Würde suchen.
- Wir denken an Menschen, die nach Gott fragen, die dein Bild in jedem Menschen erkennen, die an deinem Reich bauen.

Liedruf

Im Tanz »Denke an die…« möchten wir alle hier Ungenannten einschließen.

»Denke an die…« aus der Finnischen Messe I ist ein einfacher Tanz, dem ein Gebetslied zu Grunde liegt. Die CD mit Tanzbeschreibungsheft ist zu beziehen bei: Ingeborg Lenz-Schikore, An der Römerlinde 12, D-72119 Altingen, Tel./Fax 0 70 32/7 43 97.

Gott, du hast uns in die Gemeinschaft mit allen Menschen gerufen. Wir bitten um deine Zuwendung und Nähe für alle, die uns in den Sinn gekommen sind. Wir bitten, dass deine Kraft auch durch unser Wirken erfahrbar wird.

Lied

»Gott, wir bitten, komm und segne uns« (kfd-Liederbuch Nr. 34)

Segen und Sendung

Gestärkt durch die Gemeinschaft und ermutigt durch die biblische Botschaft dürfen wir uns geborgen wissen in Gottes Hand. Gott segne uns auf unserem Weg.

Isolde Niehüser

Materialien und Anregungen

Würde

Alle Menschen sind frei
und gleich an Würde und Rechten geboren.

Allgemeine Erklärung der Menschenrechte, 1948, Artikel 1

Die Würde des Menschen ist unantastbar.

Grundgesetz der Bundesrepublik Deutschland, 1949, Artikel 1

Alle, die Menschenantlitz tragen,
haben einen absoluten Wert und eine Würde in sich.
Daher sind sie Personen,
die niemals wie Sachen vertauscht werden können.
Sie sind etwas,
an dessen Stelle nichts anderes gesetzt werden kann,
ein schlechthin Unersetzbares,
ein um seiner selbst willen Hochgeschätztes.

L. H. Jakob, 1794

Nach deinem Bild und Gleichnis

Du, ewiger Gott,
hast mich
in dir geschaut und erkannt.
Weil du mich
in deinem Lichte schautest,
hast du dein Geschöpf,
ganz in es verliebt,
aus dir hervorgezogen
und es nach deinem
Bild und Gleichnis
erschaffen.

Katharina von Siena

Er wird dich schön machen

Mensch, du bist ein Werk Gottes.
Erwarte also die Hand deines Künstlers,
die alles zur rechten Zeit macht,
zur rechten Zeit für dich,
der du gemacht wirst.
Bring ihm ein weiches,
williges Herz entgegen
und bewahre die Gestalt,
die der Künstler dir gab.
Bleibe formbar, damit du nicht verhärtest
und schließlich die Spur
seiner Finger verlierst.
Wenn du den Abdruck
seiner Finger in dir bewahrst,
steigst du zur Vollkommenheit empor.
Die Kunst Gottes gestaltet den Lehm,
der du bist.
Nachdem er dich aus dem Stoff geformt hat,
wird er dich außen und innen
mit reichem Gold und Silber schmücken.
So schön wird er dich machen,
dass am Ende er selbst nach dir verlangt.

Irenäus von Lyon

Wind

Die Seele ist wie ein Wind,
der über die Kräuter weht,
und wie der Tau,
der auf die Gräser träufelt,
und wie die Regenluft,
die wachsen macht.

Genauso ströme der Mensch
ein Wohlwollen aus auf alle,
die da Sehnsucht tragen.

Ein Wind sei er,
der den Elenden hilft,
ein Tau,
indem er die Verlassenen tröstet,
und Regenluft,
indem er die Ermatteten aufrichtet.
Mit seiner Lehre mache er die Hungernden satt,
indem er ihnen seine Seele schenkt.

Hildegard von Bingen

Immerfort

Immerfort empfange ich mich aus deiner Hand.
Das ist meine Wahrheit und meine Freude.
Immerfort blickt mich dein Auge an,
und ich lebe aus deinem Blick,
du mein Schöpfer und mein Heil.

Lehre mich, in der Stille deiner Gegenwart
das Geheimnis zu verstehen, dass ich bin.
Und dass ich bin durch dich
und vor dir und für dich.

Romano Guardini

Schöpfung und Zukunft

Wollen wir auf die Schöpfung anders antworten, nämlich im Sinne einer Zärtlichkeit für alles, was auf dieser Erde lebt, und wollen wir die werden, als die wir gedacht sind, nämlich Mit-Schöpfer, geschaffen nach Gottes Bild, dann muss klar werden, dass sich Schöpfung niemals nur auf unseren Ursprung, sondern immer auch auf unsere Zukunft bezieht. Die Schöpfung, die mit der ersten Schöpfung begonnen hat, ist noch nicht zu Ende.

Dorothee Sölle

Gruß und Lebewohl

Mit den Tod verlobt
ins Leben verliebt

Der Erde hörig
ich liege
den Sternen zu Füßen

Komme zu dir
Staubverwandter
mit herzlichem Gruß
und Lebewohl

Rose Ausländer

Fallengelassen
einen Sprung gekriegt
die Tasse
die Schale
der Mensch

Aufgehoben
mit Erde und Speichel
bestrichen
die Sprungstelle
zusammengefügt
gehalten
gewärmt.

Heil gemacht
was zu Bruch ging
die Tasse
die Schale
der Mensch.

Für heute.

Hedwig Beckmann

Bewusstwerden

Das Alter erforscht
deinen Körper
und macht ihn dir
schmerzlich bewusst

Du erforschst deine Seele
Schon alternd
entdeckst du dich stets
an einem Anfang

Theresia Hauser

Gebet um einen guten Tod

Nachdem ich Dich als den erkannt habe, der mein erhöhtes Ich ist, lass mich, wenn meine Stunde gekommen ist, Dich unter der Gestalt jeder fremden und feindlichen Macht wieder erkennen, die mich zerstören oder verdrängen will.
Wenn sich an meinem Körper oder an meinem Geist die Abnutzung des Alters zu zeigen beginnt; wenn das Übel, das mindert und wegrafft, mich von außen überfällt oder in mir entsteht; im schmerzlichen Augenblick, wo es mir plötzlich zum Bewusstsein kommt, dass ich krank bin und alt werde; besonders in jenem letzten Augenblick, wo ich fühle, dass ich mir selbst entfliehe, ganz ohnmächtig in den Händen der großen unbekannten Mächte, die mich gebildet haben; in all diesen düsteren Stunden lass mich, Herr, verstehen, dass Du es bist, der – sofern mein Glaube groß genug ist – unter Schmerzen die Fasern meines Seins zur Seite schiebt, um bis zum Mark meines Wesens einzudringen und mich in Dich hineinzuziehen.

Pierre Teilhard de Chardin

Tanz: Gott, wir kommen zu dir

Zum Lied »Gott, wir kommen zu dir« (FrauenGottesDienste 10, S. 69)

Ausgangsstellung:
Die Tanzenden stehen ohne Handfassung im Kreis mit Front zur Mitte.

Gott, wir kommen zu dir

Beinbewegungen:
zwei Schritte zur Mitte, rechts beginnend
rechts/links wiegen

Armbewegungen:
Die Arme werden in die Orantehaltung gehoben (rechtwinklig aufgestellte Unterarme, Oberarme horizontal zum Boden, Handfläche zur Mitte geöffnet).
Beim Wiegen berühren sich die kleinen Finger mit denen der benachbarten Tänzerinnen.

haben Durst nach Leben

Beinbewegungen:
vier kurze Schritte rückwärts, rechts beginnend

Armbewegungen:
Die Arme werden bei den ersten beiden Rückwärtsschritten in die Mitte vorgestreckt mit nach oben geöffneten Handflächen. Bei den beiden weiteren Schritten öffnen sich die Arme seitlich halbhoch nach oben.

Leben in Fülle

Beinbewegungen:
rechtsschultrige Drehung in vier Schritten, rechts beginnend

Armbewegungen:
Mit linkem Arm eine Schöpfbewegung vor dem Körper ausführen: Der linke Arm wird mit geöffneter Handfläche tiefer als der rechte vor den Körper geführt und mit Impuls für die Drehung nach oben zum rechten genommen. In der Drehung kreuzen sich die Arme oben und werden dann seitlich geöffnet heruntergenommen. Beide Arme beschreiben dabei einen Kreis.

Isolde Niehüser

Töchter der Sonne

Wir, die Töchter des Sonne,
die wir in die Schatten der Dämmerung schreiben,
die wir die Nacht entlang wandern
und im Lichte des Morgens wieder auftauchen.
Barfüßige im Schoße der Erde
säen wir auf den Feldern
und backen das tägliche Brot.
Wir, die wir die Sprache des Windes kennen
und gelernt haben, mit den Flügeln der Vögel zu fliegen,
die wir Lagunen im Blut haben
und unsere Körper mit Vulkanen bedeckt,
die wir es regnen sehen haben
auf die trockene Erde
und die müden Gesichter,
die wir die Intensität eines Blickes gesehen haben,
die wir die Falten der Alten gezogen haben,
die wir das Brot mit unserem eigenen Blut geweiht haben:

Wir zerreißen die Ketten
und machen uns auf den Weg.

Autorin unbekannt; übersetzt von Christiane Rösener

WERKSTATT GOTTESDIENST

Auf den folgenden Seiten werden Gottesdienste oder auch einzelne Gottesdienstelemente vorgestellt, die sich nicht unmittelbar auf den thematischen Schwerpunkt beziehen. Sie können in Teilen oder vollständig übernommen und auch in einen größeren liturgischen Rahmen einbezogen werden. Aus einem »Morgenlob« lässt sich mit wenigen Änderungen ein Gottesdienst zum Tagesausklang machen, ein Meditationstext kann in einer Eucharistiefeier Verwendung finden ... Durchgängig sollen die Materialien dieses Teils dazu anregen, konkrete und anschauliche Symbole für eine ganzheitliche Liturgie fruchtbar zu machen, in der Gott »mit Herzen, Mund und Händen« angesprochen wird.

Du bist das Licht

LICHTFEIER – VESPERGOTTESDIENST

Eröffnung

Die Teilnehmenden versammeln sich im fast dunklen Raum. Jede hält eine kleine Kerze oder ein Teelicht. Auf dem Altar steht eine Weihrauchschale und eine Schale mit Weihrauchkörnern. Eine große, brennende Kerze wird hereingetragen.

Liedruf: Lumen Christi!

Alle: Deo gratias!

Die Kerze wird auf den Altar gestellt, alle entzünden an ihr ihre Lichter und gehen in einer Prozession zurück zu ihren Plätzen.

Hymnus

»Sonne der Gerechtigkeit« (GL 644)

Lichtdanksagung

Die Leiterin des Gottesdienstes öffnet zum Gebet die Arme seitlich in die Orantehaltung.

»Vom Aufgang der Sonne bis zu ihrem Untergang sei dein Name gepriesen, Ewiger, Schöpfer der Welt, Quelle allen Lebens.

Liedruf: »Dir sei Preis und Dank und Ehre!« (s. S. 70)

Du bist das Licht, und auch die Finsternis ist für dich nicht finster. Im Anfang hast du alles ins Dasein gerufen: Himmel und Erde – Sonne, Mond und Sterne. Durch dein Wort lässt du das Licht vor der Finsternis weichen und die Finsternis vor dem Licht. Mit deiner Sonne erhellst du unsere Tage, und, der Feuersäule gleich, leuchtest du uns in der Nacht.

Liedruf

Du aber – du wohnst in unzugänglichem Licht. Dunkel erscheinst du uns, denn unsere Augen sind nicht geschaffen, deinen blendenden Glanz zu ertragen. Kein Mensch hat dich je gesehen. Wir danken dir, dass du aus deiner Verborgenheit herausgetreten bist. Deine Herrlichkeit und deine Menschenfreundlichkeit sind uns aufgeleuchtet auf dem Gesicht eines Menschen: Jesus von Nazaret, Licht vom Licht, Licht, das die Nacht erleuchtet, Licht und Leben für die ganze Welt.

Liedruf

Wir bitten dich, Vater, nimm an dieses Licht, das wir am Abend mit Freude und Dank entzündet haben und in dem wir wie in einem Spiegel dein Licht schauen. Gib, dass wir ihn, Jesus Christus, vor Augen haben – ob wir nun wachen oder schlafen. Lass uns von ihm Licht empfangen: die Kraft der Hingabe – die Hoffnung auf Leben.

Liedruf

Lass uns dieses Licht weitergeben und so mit brennenden Lampen den Morgen des Tages erwarten, dem kein Abend mehr folgt. Dann dürfen wir dich in unverhülltem Glanz schauen von Angesicht zu Angesicht und dich loben, den Vater durch den Sohn im Heiligen Geist von Ewigkeit zu Ewigkeit.

Alle: Amen.«

Liedruf

(H. Becker und A. Gerhards – Liedruf eingefügt von I. Pahl)

Gebet

Psalm 141 wird gemeinsam gebetet.

Liedruf: »Wie Weihrauch steige mein Gebet zu dir auf« (s. S. 72)

Jede tritt an den Altar und legt Weihrauchkörner in eine vorbereitete Weihrauchschale ein.

Lesung

1 Kor 14,1–4.10–19 Die Charismen der Prophetie und Zungenrede

Antwortgesang

»Dein Wort ist Licht und Wahrheit« (GL 687)

Gedanken zur Lesung

Die Teilnehmenden tauschen sich in Gesprächskreisen über das Gehörte aus.

Magnifikat

Liedruf: »Magnificat« (kfd-Liederbuch, Nr. 91)

Lobgesang Mariens: Meine Seele preist die Größe des Herrn (GL 689)

Das Magnifikat wird im Wechsel gesprochen.

Fürbitten und Vaterunser

Die Fürbitten werden als Anliegenlitanei gebetet, wobei der Bittruf nach je drei Anliegen von allen gesungen wird.

Lasst uns beten zu Gott, der allen Menschen Vater und Mutter ist und voll Erbarmen alle umfängt.
- Wir beten für die Gläubigen, die in den verschiedensten Sprachen zu Gott rufen und die dennoch bestrebt sind, die Einheit zu wahren.
- Für die Verantwortlichen in der Kirche, denen die Sorge um die Einheit im Glauben anvertraut ist.

- Für alle Frauen und Männer, die im Dienst der Verkündigung stehen und der Gabe prophetischer, Gemeinde aufbauender Rede in besonderem Maße bedürfen.

»Kyrie, kyrie eleison« (kfd-Liederbuch, Nr. 110)

- Für alle, die sich für die Weitergabe des Glaubens einsetzen: in der Familie, in der Schule und in der Gemeinde.
- Für Frauen in unserer Kirche, die sich in der Entfaltung ihrer Möglichkeiten behindert fühlen und die zu resignieren drohen.
- Für die vielen Frauen, die unter unmenschlichen religiösen Gesetzen leiden und nicht selbst über ihr Leben bestimmen können.

»Kyrie, kyrie eleison«

- Für die Männer und Frauen, die Verantwortung tragen für den Frieden in der Welt, und für jene, die in den Medien Einfluss auf die öffentliche Meinung haben.
- Für alle, die sich trotz der Globalisierung für Gerechtigkeit und für die Sache der Armen einsetzen.
- Für die Menschen, die aus religiöser Überzeugung Irrwege gehen und andere mit ins Elend reißen.

»Kyrie, kyrie eleison«

- Für die Menschen in Ländern, die vom Krieg überzogen sind, für alle, die in Flüchtlingslagern leben müssen, besonders für die Mütter mit ihren kleinen Kindern.
- Für alle, die ein schweres Los zu tragen haben: die Kranken, die Behinderten, die Trauernden, die Arbeitslosen, die Einsamen, die Verzweifelten.
- Für die Menschen, die uns ihre Sorgen anvertraut haben und die auf unser Gebet hoffen.

»Kyrie, kyrie eleison«

- Für die Verstorbenen, denen wir besonders verbunden sind, und für alle, an die niemand mehr in Liebe denkt.

Dieses und alles, was uns bewegt, fassen wir in dem Gebet zusammen, das Jesus seinen Jüngern und Jüngerinnen anvertraut hat: Vater unser …

Schlusslied

»Bewahre uns Gott, behüte uns, Gott« (FrauenGottesDienste Nr. 12, S. 70)

Irmgard Pahl

Wüste und Öde sollen sich freuen

WORTGOTTESFEIER IM ADVENT

Jede Teilnehmerin erhält eine »Rose von Jericho«/Auferstehungspflanze. Auf dem Altar oder in der Mitte des Raumes stehen fünf leere Schalen und in einer Schale eine Pflanze, die am Vortag angegossen wurde und schon grün ist.
Die »Rose von Jericho« kann bestellt werden in der Klostergärtnerei der Abtei Maria Laach: Telefon 0 26 52/5 94 20.

Begrüßung

Meditative Musik zur Einstimmung

Hinführung

Es werden vier Dias mit Wüstenmotiven ganz langsam gezeigt und kommentiert.

Wüste: kein Wasser, kein Wachstum, kein Leben.
Wüste: nur Trockenheit, nur Durst, nur Sehnsucht.
Wüste: sengende Hitze, Gefahr, Einsamkeit.
Wüste: lebloses Land?

Lesung

Jes 35,1–10 Wüste und Öde sollen sich freuen

Lied

»Kündet allen in der Not« (GL 106)

Musik

Die Pflanzen werden verteilt.

Gedanken

Sie halten alle ein Geschenk in Ihrer Hand. Ich bitte Sie, das Knäuel ein paar Minuten in Ruhe genauer zu betrachten. Machen Sie sich mit diesem ungewöhnlichen Gegenstand vertraut. Berühren Sie ihn vorsichtig mit Ihren Händen. Vielleicht erspüren Sie die Antwort …

Stille

Es wäre schön, wenn die eine oder andere von Ihnen uns ihre Gedanken zu diesem Geschenk mitteilen würde.

Nach einigen Äußerungen:

Dieses vertrocknete leblose Knäuel ist eine Wüstenpflanze, die nur in der Regenzeit lebt. Sie wird auch Auferstehungspflanze genannt. Bei Trockenheit schließen sich die Zweige über dem Herzen der Pflanze zu einem Ball zusammen, in der Regenzeit breiten sie sich aus und gehen in ihre horizontale Lage zurück. Man sagt der Auferstehungspflanze ewiges Leben nach. Ob in der Blume wirklich Leben ist?

Liedruf

»Gott, wir kommen zu dir« (FrauenGottesDienste 10, S. 69)

Zum Liedruf kann auch getanzt werden. Tanzbeschreibung s. S. 50

Gedanken

Fünf Frauen haben eine Blume in der Hand und sprechen nacheinander die folgenden Texte. Wenn sie gesprochen haben, legen sie ihre Blumen in eine Schale, die auf dem Tisch steht.

Ich sollte einen Krankenbesuch machen. Aber ich schiebe ihn vor mir her. Das schmerzerfüllte Gesicht kann ich nicht ansehen, den abgemagerten Körper, die Apparate. Ich sitze in meiner Wohnung, stumm und hilflos. Ich bekomme keine Antwort.
Ich fühle mich wie ausgetrocknet.

Ich fühle mich überfordert, allein gelassen mit den Kindern und ihren Problemen. Dann der Haushalt. Mein Mann ist ständig im Betrieb, da bleibt keine Zeit für ein Gespräch.
Ich fühle mich wie ausgetrocknet.

Ich spüre eine ohnmächtige Wut in mir, wenn Tag für Tag das Fernsehen grausame Bilder aus Israel und Palästina zeigt. Verhandlungen hin und her. Unschuldige leiden, hungern und werden getötet.
Ich fühle mich wie ausgetrocknet.

Heute ist die Nachricht gekommen. Jetzt haben wir es schwarz auf weiß. Das Werk, in dem mein Mann arbeitet, wird nun geschlossen. Einen Sozialplan gibt es nicht für meinen Mann. Er ist noch zu jung. Am Jahresende ist er arbeitslos. Ich weiß nicht, was werden soll.
Ich fühle mich wie ausgetrocknet.

Ich habe einen Anruf von meiner Freundin bekommen. Wir haben länger nichts voneinander gehört. Sie ist am Ende. Mit ihrem Mann gäbe es nichts mehr zu klären. Die Eheberatung habe er abgelehnt. Zu einer Entziehungskur konnte er sich nicht durchringen. Nun hat sie die Scheidung eingereicht. Nach zwanzig Jahren Ehe. Sie waren glücklich. Ich weiß nicht, wie ich helfen kann.
Ich fühle mich wie ausgetrocknet.

Lied

»Meine engen Grenzen« (FrauenGottesDienste 2, S. 66)

Geschichte

Ein Mensch hat sich in der Wüste verirrt. Er wird verdursten, wenn keine Hilfe kommt. Da sieht er vor sich Palmen, ja er hört sogar Wasser sprudeln. Aber er denkt: »Das ist nur eine Fata Morgana. Meine Fantasie spiegelt mir etwas vor. In Wirklichkeit ist da nichts.« Ohne Hoffnung, halb wahnsinnig, lässt er sich zu Boden fallen. Kurze Zeit später finden ihn zwei Beduinen – tot. »Kannst du so etwas verstehen?«, sagt der eine zum anderen. »So nahe am Wasser, und die Datteln wachsen ihm fast in den Mund. Wie ist das möglich?« Da sagt der andere: »Er war ein moderner Mensch.«

Überleitung

Der moderne Mensch. Glauben wir nur an unsere eigene Kraft, an unser Können? Dann kann es uns passieren, dass wir, wenn wir am Ende sind und ausgetrocknet, alle Hoffnung verlieren, weil wir die Quelle übersehen.

Liedruf

»Gott, wir kommen zu dir« (FrauenGottesDienste 10, S. 69)

Zum Liedruf kann auch getanzt werden. Tanzbeschreibung s. S. 50

Gebet

Nun werden langsam und für alle sichtbar die Blumen angegossen, die die fünf Sprecherinnen in die Schalen gelegt haben. Leise Musik kann während der folgenden Gedanken eingespielt werden.

Wasser ist Leben.
Ohne Wasser kann nichts wachsen.
Ohne Wasser verdorren alle Blumen und Pflanzen.
Wasser ist Leben.
Es gibt neue Kraft. Es lässt nach Dürre Neues wachsen.
Verdorrtes, Vertrocknetes erwacht zum Leben.

Wasser ist Leben.
Ohne Wasser sterben auch wir Menschen.
Wasser ist Leben.
Wasser ist wie du, Gott. Du schenkst uns Leben. Du machst unser Herz frisch und jung. Durch dich entfalten sich in uns alle Keime. Durch dich können wir leben.

Lied

»Alle Knospen springen auf« (FrauenGottesDienste 9, S. 68)

Entlassung

Sie haben alle noch Ihre vertrocknete Blume in der Hand, die wochen-, monatelang kein Wasser bekommen hat. Hier können wir sehen, wie die Blumen, die wir eben angegossen haben, schon anfangen zu leben. Eine Blume wurde schon gestern angegossen. Sie hat sich voll entfaltet, ist grün und hat keine Ähnlichkeit mehr mit dem vertrockneten Knäuel in Ihrer Hand.
Wasser ist Leben. Diese Blume ist durch Wasser zum Leben erwacht. Gießen Sie Ihre Blume zu Hause an und beobachten Sie, wie sie sich entfaltet. Wir wünschen Ihnen, dass dieses Symbol Sie im Advent begleitet. Es kann ein Bild dafür sein, was geschehen kann, wenn Gott kommt.
Wenn wir uns auf sein Kommen einlassen, dann wird auch unsere Wüste blühen. Dazu erbitten wir immer neu Gottes Kraft und Gottes Segen.

Segen

Segne uns, Gott, der die Wüsten blühen macht.
Segne uns, Gott, der Wasser schenkt.
Segne uns, Gott, der Leben schenkt.
Segne uns, Gott, der alles Ausgetrocknete neu beleben will.
Segne uns, Gott, der uns blühen lassen will.
Segne uns, Gott, Vater, Sohn und Heiliger Geist. Amen.

Lied

»O Heiland reiß die Himmel auf« (GL 105,1-5)

Christel Bünk

Im Frieden sein

NACHTGEBET

Dieser Gebetsimpuls knüpft an die Tradition der Komplet, das klösterliche Nachtgebet, an. Es ist eine uralte Sehnsucht der Menschen, die Nacht in sicherem Frieden und Schutz verbringen zu können. So vertrauen wir uns selbst, unser Loslassen in den Schlaf und die Dunkelheit der Nacht Gott an. Es ist gut, wenn wir nicht nur für uns selbst um diesen Frieden beten, sondern uns auch an die Menschen erinnern und stellvertretend für sie vor Gott sind, die in der Nacht von Ängsten, Sorgen oder Schmerzen gequält oder von Gewalt bedroht werden.

Die einzelnen Musikstücke zwischen den Texten sollten nicht zu lang sein, ca. 2–3 Minuten je Stück.

Meditative Musik

Text

Noch einmal schaue ich
dem vergehenden Tag nach
und sammle, was gut war,
in meine Erinnerung.
Fragen bleiben zurück.
Ich weiche ihnen nicht aus.
Ich gebe das Ungelöste
aus der Hand.
Ich schließe Frieden
mit diesem Tag,
wo er hinter meiner Erwartung
zurück blieb,
Frieden mit meinen Grenzen.
Dich suche ich,
du große Kraft,

die mich durch meine Tage
und Nächte trägt.
Lass mich aufgehoben sein in dir,
wenn der Schlaf mich mit sich nimmt
einem neuen Morgen entgegen

(Antje Sabine Naegeli)

Meditative Musik

Gebet

Psalm 4 Gottes Schutz in der Nacht (GL 697,2)

Der Psalm wird im Wechsel von zwei Gruppen oder von allen gemeinsam gebetet. Es ist auch möglich, dass reihum jede der Teilnehmerinnen einen Vers betet.

Segen

Der tiefe Friede der rauschenden Wogen sei mit uns.
Der tiefe Friede des brausenden Windes sei mit uns.
Der tiefe Friede der ruhenden Erde sei mit uns.
Der tiefe Friede der blinkenden Sterne sei mit uns.
Der tiefe Friede vom Sohn des Friedens sei mit uns.
Der tiefe Friede Gottes senke sich auf uns herab,
umhülle uns und behüte uns in dieser Nacht.

Meditative Musik

Annette Westermann

Du Feuer und Abgrund der Liebe

Du Feuer und Abgrund der Liebe,
du Narr aus Liebe,
brauchst du denn dein Geschöpf?
Es scheint mir so, denn du benimmst dich,
als ob du ohne es nicht mehr leben könntest.
Dabei bist du doch das Leben,
von dem alles Leben hat und ohne das nichts lebt.
Warum also bist du deinem Geschöpf so närrisch zugetan?

Katharina von Siena

LIEDER

Aus der Tiefe rufe ich zu dir

T: Uwe Seidel
M: Oskar Gottlieb Blarr

2. Aus der Tiefe rufe ich zu dir: / Herr öffne deine Ohren, / aus der Tiefe rufe ich zu dir: / Ich bin hier ganz verloren.

3. Aus der Tiefe rufe ich zu dir: / Herr achte auf mein Flehen, / aus der Tiefe rufe ich zu dir: Ich will nicht untergehen.

4. Aus der Tiefe rufe ich zu dir: / Nur dir will ich vertrauen, / aus der Tiefe rufe ich zu dir: / Auf dein Wort will ich bauen.

aus: Wenn der Stacheldraht blüht, 1981

»Herr« kann durch »Gott« ersetzt werden.

Weißt du wo der Himmel ist?

T: Wilhelm Willms
M: Ludger Edelkötter

2. Weißt du wo der Himmel ist? Nicht so tief verborgen;
einen Sprung aus dir heraus, aus dem Haus der Sorgen,
aus dem Haus der Sorgen.

3. Weißt du wo der Himmel ist? Nicht so hoch da oben;
sag doch ja zu dir und mir, du bist aufgehoben,
du bist aufgehoben.

4. Weißt du wo der Himmel ist, außen oder innen?
Eine Handbreit rechts und links, du bist mitten drinnen,
du bist mitten drinnen.

aus: Weißt du wo der Himmel ist. Weil du mich so magst

Dir sei Preis und Dank und Ehre

Im Anschauen deines Bildes

Quelle unbekannt

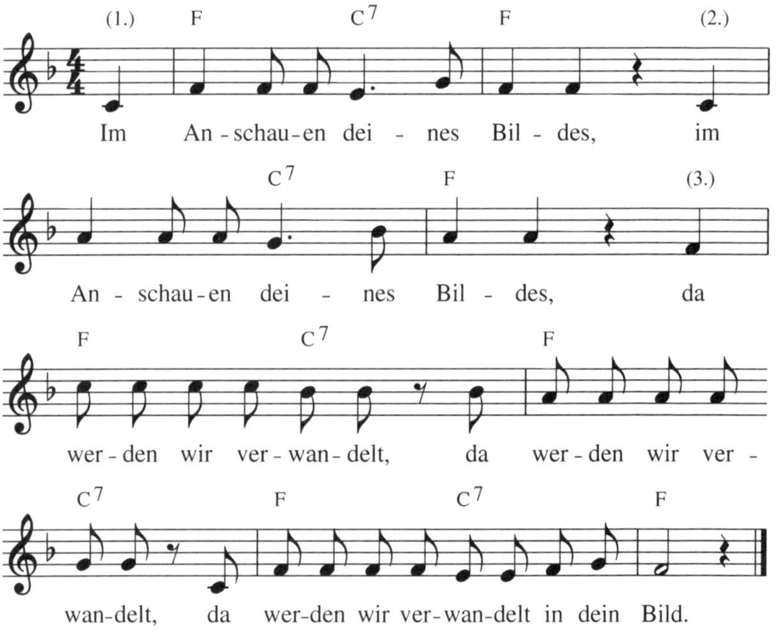

Keinen Tag soll es geben

T: Uwe Seidel
M: Thomas Quast

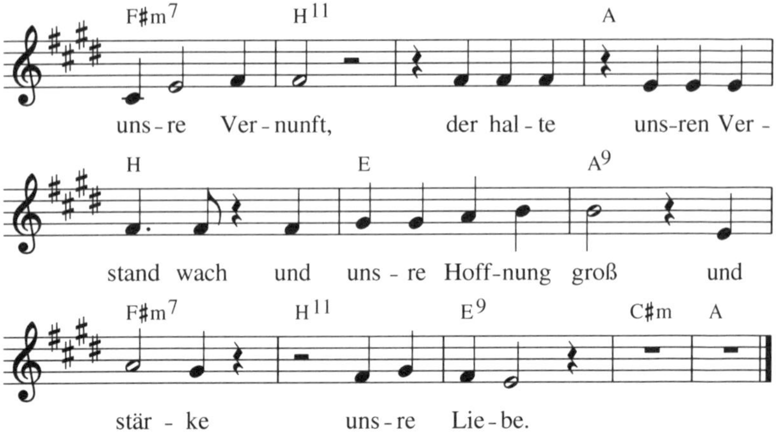

aus: Wenn der Stacheldraht blüht, 1981

Wie Weihrauch steige mein Gebet

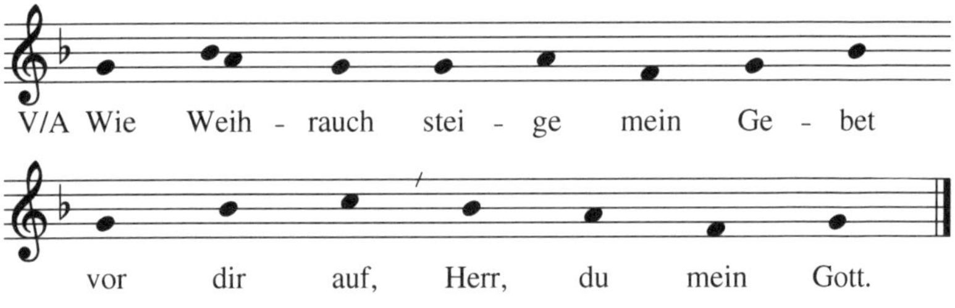

STICHWORT LITURGIE

In diesem Abschnitt des Buches stehen Beiträge, die dem tieferen Verstehen liturgischer Feiern dienen. Viele Mitarbeiterinnen in einem Liturgiekreis, vor allem, wenn sie die Aufgabe neu übernommen haben, fragen nach den Zeichen, nach dem Aufbau und den Elementen eines Gottesdienstes oder sie wollen wissen, warum es beispielsweise ein Predigtverbot für Laien gibt.

Informationen, Erklärungen und Anregungen enthält dieser Teil des Buches durchgängig.

»So krank bin ich doch nicht!«

Geschichte und Bedeutung der Krankensalbung

»So krank bin ich doch nicht!« Solche und ähnliche Aussagen hört man manchmal von Kranken, wenn ein Seelsorger oder eine Seelsorgerin sie auf den Empfang der Krankensalbung anspricht. Auch zögern oft Verwandte die Spendung des Sakramentes an eine/n Kranke/n hinaus. Dahinter steckt die Auffassung, es handele sich um eine Art Todesweihe, »Letzte Ölung«, wie man früher gesagt hat. Das II. Vatikanische Konzil hat durch die Erneuerung des Ritus und der Gebete versucht, der Krankensalbung seine ursprüngliche Bedeutung wiederzugeben.

Im Jakobusbrief 5,14–15 heißt es: »Ist einer von euch krank? Dann rufe er die Ältesten der Gemeinde zu sich; sie sollen Gebete über ihn sprechen und ihn im Namen des Herrn mit Öl salben. Das gläubige Gebet wird den Kranken retten, und der Herr wird ihn aufrichten; wenn er Sünden begangen hat, werden sie ihm vergeben.«

Kurz gesagt: Der Kranke ist noch fähig, die Ältesten selbst zu rufen. »Älteste« werden im Laufe der Geschichte mit Priestern gleichgesetzt. Das gläubige Gebet rettet, nicht die Salbung. Denn die Salbung ist nicht magisch. Das Aufrichten kann in Richtung Auferstehung, aber auch Heilung gedeutet werden. Schließlich wird Sündenvergebung mit der Krankensalbung verbunden, wenn jemand gesündigt hat.

Geschichte der Krankensalbung ...

Die Geschichte der Krankensalbung hat mehrere Abschnitte:
- von der Frühzeit bis zur Karolingerzeit
- von der Karolingerzeit bis zum Tridentinischen Konzil
- vom Tridentinischen Konzil bis zum II. Vatikanischen Konzil
- vom II. Vatikanischen Konzil bis heute

... von der Frühzeit bis zur Karolingerzeit

Es erstaunt zunächst, dass wir für diesen Zeitraum keine Riten und Gebete finden für die Spendung der Krankensalbung. Diese konnten auch Laien spenden. Wir haben nur Segensgebete für das Öl in den frühen Schriften überliefert. Das liegt an der Tatsache, dass nach dem Verständnis der Kirche das Sakrament der Krankensalbung »zustande kam« (confectio sacramenti), wenn der Bischof das Öl weihte. Heute geschieht dies noch regelmäßig am Gründonnerstag in der so genannten Chrisam-Messe. Die Spendung war deshalb auch Laien möglich. Wir kennen einen parallelen Fall. Alle wissen, dass das Sakrament der Eucharistie »zustande kommt«, wenn der Priester oder Bischof bei der Heiligen Messe die Wandlungsworte spricht. Die Spendung der Kommunion ist allerdings auch Laien möglich. Bezogen auf die Krankensalbung ging diese Tradition immerhin bis in die Karolingerzeit.

Wenn wir heute also wieder über die Frage nachdenken, ob Laien die Krankensalbung spenden können, ist dies in einer längeren Tradition der Kirche begründbar. Es gibt sogar ein päpstliches Dokument (416 n. Chr.) von Innozenz I. (402–417), in dem es heißt: »Dieses Öl wird vom Bischof geweiht und darf nicht nur von den Priestern, sondern von allen Gläubigen in eigener Not oder in der Not der Ihrigen zur Salbung verwendet werden«(DS 216). Der Papst schreibt diesen Brief an den Bischof von Gubbio, der auch wissen will, ob er als Bischof (!) ebenfalls das Krankensakrament spenden darf. Diese Frage beantwortet der Papst mit einem klaren Ja. Der Papst weist aber auch darauf hin: »Die Büßenden dürfen nicht mit dem Öl gesalbt werden. Es gehört zu den Sakramenten, und wenn die übrigen Sakramente versagt werden, wie kann man dem dann diese eine Art (von Sakrament) zugestehen?« (DS 216). Hier zeigt sich das Bewusstsein, dass die Sündenvergebung eine mögliche Wirkung des Sakramentes ist, doch verhindert das nicht die Spendung durch Laien.

Als Empfänger sind nicht Sterbende im Blick, denn im Falle des Sterbens wurde die Exkommunikation aufgehoben und die Sakramentenspendung möglich. Da aber den Büßern der Empfang unmöglich ist, geht es um Kranke, nicht um Sterbende.

Die Frage, wie denn die Spendung aussah, wird nur ansatzweise beantwortet. In den Segensgebeten kann man lesen, dass es gekostet (eingenommen) oder gesalbt wurde. Man hat vielleicht die Stelle gesalbt, die weh tat, was ja nahe liegt. Was die Wirkung angeht, war das Augenmerk auf körperliche Heilung gerichtet und nicht so sehr auf geistliche und seelische. Die Sündenvergebung stand sehr im Hintergrund. Doch sollte sich das bald ändern.

... von der Karolingerzeit bis zum Tridentinischen Konzil

Ein Blick auf die kirchlichen Entwicklungen erleichtert das Verständnis. Die Karolingerzeit ist auch die Zeit der großen Mission durch die iro-schottischen Mönche. Durch diese Mönche ändert sich die Bußpraxis der Kirche. Die wiederholte und geheime Buße entsteht. Die in den Bußbüchern verzeichneten Bußen waren sehr streng. Die Menschen waren deshalb nicht sehr begeistert, Buße zu tun. Man verschob den Empfang des Bußsakramentes gerne bis aufs Sterbebett, mit dem Vorteil, im Falle des Todes die Buße nicht mehr verrichten zu müssen, aber die Vergebung der Sünden erhalten zu haben. Wie im Schlepptau passierte dadurch folgendes: Die Gläubigen durften als Sünder nicht eher zur Kommunion gehen, bis sie von der Schuld losgesprochen waren. Somit rückte auch der Eucharistieempfang aufs Sterbebett. Und wen wundert es nach dem Brief des Papstes Innozenz I., der denjenigen, die die anderen Sakramente nicht empfangen konnten, auch die Krankensalbung verwehrte. Auch die Krankensalbung rückte auf das Sterbebett. So werden dort drei Sakramente gespendet: Buße – Eucharistie – Krankensalbung. Obwohl die Eucharistie (als Wegzehrung) das eigentliche Sterbesakrament ist, gelangt nun die Krankensalbung als »letzte Ölung« an den Schluss. In einem kombinierten Ritus spendet der Priester die drei Sakramente.

Man erfährt nun so gut wie nie mehr eine Heilung des »Kranken« (Sterbenden). Darum schreibt man der Salbung immer mehr spirituelle Wirkung zu. Vor allem gerät die Sündenvergebung in den Vordergrund. Was beim Jakobusbrief noch als eine Möglichkeit gesehen wurde, wird nun vorausgesetzt, damit die Salbung noch einen Sinn macht. Folgerichtig wurde die Spendung den Laien im Jahre 840 verboten. Sie wurde denen vorbehalten, die auch sonst für die sakramentale Sündenvergebung in der Kirche zuständig waren: den Priestern und Bischöfen. Das war allerdings nur mit Hilfe einer Manipulation des Briefes von Papst Innozenz I. möglich, denn dieser hatte doch die Spendung durch Laien erlaubt.

Die Gläubigen suchten natürlich noch immer Hilfe in Krankheit und Leid. So verfielen etliche wieder heidnischen Praktiken.

Nach manchen liturgischen Büchern des 9. Jahrhunderts werden entweder alle fünf Sinne gesalbt oder sogar darüber hinaus der Hals, die Kehle, die Brust, die Stelle zwischen den Schultern, der Bauchnabel usw. Die Sinne werden wie Einfallstore der Sünde betrachtet, die versiegelt werden müssen, damit der Mensch ohne Sünde sterben kann.

Negativ hat sich die Verfeierlichung der Spendung des Sakramentes ausgewirkt. Auch das hängt mit einer anderen Entwicklung zusammen. Das Bußverfahren führte schließlich dahin, dass man auch, statt Buße zu tun, Messen zur Vergebung der Sünden bestellen konnte. Natürlich war die Nachfrage groß. Viele Gläubige nahmen das Angebot wahr. Doch brauchte man dafür viele Priester, die die vielen bestellten Messen feiern konnten. Diese vielen Priester wurden schließlich auch bei der »Letzten Ölung« tätig. So konnte es sein, dass sieben Priester an sieben aufeinander folgenden Tagen zum Sterbenden kamen und ihn salbten. Die hohen Stolgebühren, die dabei entstanden, schreckten die Gläubigen sehr ab. Textzeugen sprechen von der ganzen Bettwäsche oder zwei Kühen als Bezahlung.

Zudem gab es ein praktisches Problem. In Ländern, in denen es keine Olivenbäume gab, musste man sehr sparsam umgehen mit dem vom Bischof geweihten Öl, damit es auch ein Jahr reichte. Man spendete also auch deswegen nur im äußersten Notfall das Sakrament. Die Gläubigen verschoben schon aus Kostengründen den Empfang.

Die theologische Verlagerung auf die Sündenvergebung trieb seltsame Blüten. Ganze Personengruppen wurden vom Empfang der Krankensalbung ausgeschlossen: Geistesgestörte, Kinder bis zum Alter der Unterscheidung, Menschen im Ruf der Heiligkeit. Die ersten beiden Gruppen waren unfähig zur Sünde, den letzten wollte man sie nicht unterstellen, denn es ging ja bei der Salbung nur noch um die Sündenvergebung.

Ab der Karolingerzeit gibt es nicht nur Segensgebete für die bischöfliche Ölweihe, sondern ausführliche Riten und Gebete für die Priester.

Die scholastischen Theologen haben sich ihrerseits Gedanken gemacht über die Krankensalbung. Sie haben die gängige Praxis der Krankensalbung nicht kritisch hinterfragt, sondern eher spekulativ gerechtfertigt. Die Wirkung der Krankensalbung wird fast ausschließlich auf spiritueller Ebene gesehen. Die körperliche Gesundung steht nicht zur Debatte. Das Sakrament dient zur Vorbereitung auf den Himmel. So wie die Taufe das »Eingangssakrament« ist, so sind Buße, Wegzehrung und Letzte Ölung die Sakramente, die in den Himmel bringen.

Nun kam es durchaus vor, dass ein Mensch, der schon mit allen Sakramenten versehen war, entgegen aller Erwartung wieder gesund wurde. Das wurde gedeutet als Beweis dafür, dass Gott der Auffassung sei, dieser Mensch solle noch weiter leben, um seine Pflichten zu erfüllen.

Die Theologen machten sich Gedanken darüber, welche Art von Sünden bei der Krankensalbung getilgt werden. Bonaventura und Duns Scotus meinen, es seien die lässlichen Sünden, die den Menschen noch im letzten Augenblick von der Vereinigung mit Gott abhalten können. Bonaventura erlaubt die Spendung nur, wenn man des Todes absolut sicher ist. Thomas von Aquin ist nicht so rigoros wie andere. Er hält das Sakrament auch für Kranke sinnvoll, so dass er es nicht alleine als Sterbesakrament betrachtet, sondern die Gesundung eines Kranken von der Wirkung her mit einschließt. Das Lehramt meldet sich kaum zu Wort in diesen Fragen. Das Tridentinische Konzil sollte entscheidend wirken.

... vom Tridentinischen Konzil bis zum II. Vatikanischen Konzil

Die Praxis der römisch-katholischen Kirche wurde sowohl von der Ostkirche, als auch den Reformatoren, allen voran Martin Luther, kritisiert. Man warf der Kirche eine Umdeutung der Stelle des Jakobusbriefes vor, die eindeutig von Kranken und nicht von Sterbenden spricht. Luther hat zu Recht – anders als die Theologen seiner Zeit – den ursprünglichen Sinn der Salbung eingeklagt. Er lehnt aber die Sakramentalität der Salbung ab, so dass das Tridentinische Konzil darauf reagieren muss (DS 1716–1719).

Zuerst hält man an der Sakramentalität fest. Mit Thomas von Aquin wird gesagt, dass die Letzte Ölung die Vollendung der Buße und des ganzen christlichen Lebens bedeutet. Wie die Firmung die Taufe vollendet, so die Letzte Ölung die Buße. (Schaut man in den heutigen Katechismus, findet man Bußsakrament und Krankensalbung noch immer unter eine Gruppe gefasst!) Christus hat das Sakrament eingesetzt. Es ist bei Mk 6,13 angedeutet, dann aber vom Apostel Jakobus den Gläubigen empfohlen und verkündet worden (Jak 5,14f).

Die Wirkung beschreibt das Konzil wie folgt: Sündenvergebung, Aufrichten der Seele des Kranken, Hilfe im Kampf gegen den Satan und, wenn es dem Heil der Seele dient, die körperliche Gesundung.

Bei der Frage der Spender lässt das Tridentinische Konzil eine kleine Türe für die heutige Diskussion um die Spendung durch Laien offen. Priester und Bischöfe werden als die eigentlichen Spender bezeichnet (ministri proprii). Das schließt nicht aus, dass es auch außerordentliche Spender des Sakramentes geben kann (ministri extraordinarii). Die Empfänger sind Kranke, *besonders* diejenigen, die so krank sind, dass sie zu sterben scheinen. Diese Formulierung erlaubt, die Kranken in erster Linie als Empfänger zu betrachten. Die Salbung darf nach Gesundung und erneuter Krankheit wiederum gespendet werden.

Das Tridentinische Konzil hat einerseits die damalige Praxis gerechtfertigt. Es spricht aber eine ausgewogene Lehre aus. Die Letzte Ölung ist eine Krankensalbung. Die Praxis der damaligen Kirche ist nicht identisch mit dem, was im Jakobusbrief steht. Sie widerspricht aber Jakobus nicht. In den Konzilsdokumenten wird der genaue Zustand des Kranken nicht festgelegt!

In den nun entstehenden neuen liturgischen Büchern schlagen sich die Konzilsbeschlüsse nieder. Hier ist vor allem das Rituale Romanum Papst Pauls V. von 1614 zu nennen. Darin wird gefordert, man solle das Sakrament so frühzeitig spenden, dass der Kranke noch bei Bewusstsein ist. Die Reihenfolge der zu spendenden Sakramente ist allerdings nach wie vor die falsche: Buße – Wegzehrung – Salbung. Das Problem der Ölknappheit löst man durch die eigenartige Erlaubnis, das geweihte Öl mit ungeweihtem Öl aufzufüllen, gleichsam zu »verlängern«.

Als jedoch 1925 das Rituale Romanum erscheint, werden die Bestimmungen für die Empfänger verschärft. Die Spendung ist nur noch in Todesgefahr erlaubt. Innerhalb ein und derselben Krankheit (wenn sich das Krankheitsbild verschlechtert) darf das Sakrament nicht wieder gespendet werden. Zuvor muss völlige Gesundung eintreten. Falls Zweifel über den Tod des Patienten bestehen, soll die Salbung »bedingungsweise« gespendet werden.

Eigenartig mutet an, dass die Gebetstexte nicht an die Situation angepasst worden sind. Stets wurde das klassische Gebet um körperliche Gesundung gebetet, unabhängig vom Zustand des Kranken. Ein Rituale von München und Freising aus dem Jahr 1930 empfiehlt deshalb, in manchen Situationen besser das Gebet auf Latein zu sprechen (dann verstanden die Umstehenden es nicht!).

Dass neben der Salbung der Sinne auch an der Salbung der Nieren festgehalten wurde, dürfte eine große Anstrengung für Sterbende bedeutet haben, denn dazu mussten sie im Bett gewendet werden. Die Fußsalbung durfte dagegen weggelassen werden, obwohl diese leichter zu vollziehen war. Die Reform des II. Vatikanischen Konzils war mehr als überfällig!

... vom II. Vatikanischen Konzil bis heute

Im neuen Rituale gibt es folgende Kapitel:

Der Krankenbesuch

Die Krankenkommunion

Die Krankensalbung

Die Wegzehrung – Kommunion in der Sterbestunde

Bußsakrament, Krankensalbung und Wegzehrung in Todesgefahr – Versehgang

Begleitung Sterbender

Der heutige Ritus zeichnet sich aus durch einen großen Reichtum. Er ist auch auffallend kinderfreundlich. Kinder waren ja früher nie so sehr im Blick. Immer wieder tauchen eigene Texte für Kinder auf. Der deutsche Ritus sorgt dafür, dass die Krankensorge von Laien mitgetragen wird. Wenn auch das Sakrament der Krankensalbung einem Laien noch nicht zu spenden erlaubt ist, können einzelne Elemente von Laien gebraucht werden. Es wird Aufgabe der Pastoral sein, das neue Rituale auch zu einem liturgischen Buch für Laien zu machen und den Umgang damit zu fördern. Die handliche Volksausgabe sollte jedem Laien empfohlen und in die Hand gegeben werden.

J. Thaddäus Küppers OFM Cap

Gebet

Gott, du bist den Leidenden nah,
du bist den Weg des Leidens zu Ende gegangen,
durch den Tod hindurch zum Leben.
Wir fürchten um unser Leben, wenn wir hören und sehen,
was Menschen aushalten müssen, was ihnen zugemutet wird.
Wir erschrecken und hoffen, dass es uns nicht trifft.
Wir möchten glauben, dass du auch dann bei uns bist,
wenn wir Angst haben, wenn wir Schmerzen haben,
wenn wir mit uns nicht zurecht kommen.
Wir bitten dich für die Menschen,
die den Tod auf sich zukommen sehen:
Lass ihre Hoffnung wachsen und ihre Angst kleiner werden.
Wir rufen dich an für die Verbitterten,
denen über ihrem Schicksal der Glaube zerbrochen ist:
Gib ihnen Menschen, durch die sie deine Liebe erfahren
wie ein Licht in der Finsternis.
Wir bitten dich für die, denen ihr Leben sinnlos erscheint,
die es wegwerfen möchten:
Tritt ihnen in den Weg,
lass sie begreifen, dass sie für andere eine Hilfe sein können.
Gott, wir bitten dich für uns alle:
Wenn wir nicht wissen, warum dieses Unglück,
warum diese Krankheit, warum dieser Tod,
dann lass diese Fragen uns nicht von dir trennen.
Hilf uns glauben: Deine Liebe führt uns auch Wege,
die wir nicht verstehen,
durch den Tod hindurch zum Leben.

Margot Käßmann

KURZ VORGESTELLT

Mit der Rubrik »Kurz vorgestellt« möchten wir hinweisen auf Bücher und gegebenenfalls andere Materialien, die Anregungen geben für liturgische Gestaltung, oder Themen aufarbeiten, die dem Bereich »Grundsätzliches« zuzuordnen sind.

Ihr sollt euch kein Bildnis machen

Thomas Broch/Wolfgang Tripp (Hrsg.), Ihr sollt euch kein Bildnis machen. Predigten und Besinnungen zu Grundfragen des Lebens, Schwabenverlag Ostfildern 2002, 216 S., € 15,50.

Mit dem biblischen Bilderverbot: »Du sollst dir kein Bildnis machen« wird dem Volk Israel untersagt, gehauene und gefertigte Götterstatuen anzubeten. Denn Bilder und Namen können das Geheimnis, dass Gott für sein Volk ist, nicht fassen und festschreiben. Als Ebenbilder Gottes gilt dies in gleicher Weise für Menschen.

Das Bekenntnis zum Geheimnis Gottes und der Menschen bekommt eine brisante Aktualität bei Themen, die heute zur Gentechnologie, zum Schutz des Lebens vom Beginn bis zum würdevollen Sterben, zum Zusammenleben mit behinderten Menschen oder zur ungewollten Kinderlosigkeit diskutiert werden.

Im vorgestellten Buch kommen Autorinnen und Autoren aus Politik und Wirtschaft, aus Theologie und Feldern kirchlicher Arbeit zu Wort, die christliche Denklinien im kontroversen gesellschaftlichen Diskussionsprozess beschreiben. Nach einem einführenden Grundsatzreferat des Ethikers Dietmar Mieth werden in einer breiten Themenpalette Fragen zur Würde und zum Schutz menschlichen Lebens aufgegriffen. Die einzelnen Beiträge beginnen mit einem Impulstext, meist einem Bibelzitat. Dann folgt eine Predigt, ein Besinnungstext oder eine Zusammenfassung von Gedanken und Überzeugungen, die in einem Gebet oder meditativem Text münden. Gerade die persönliche Handschrift jeder Verfasserin/jedes Verfassers und der kreative Umgang mit dem gewählten Thema wirken einladend, sich auf die Gedankengänge einzulassen. So bietet das Buch hilfreiche Anregungen, Argumentationsgrundlagen und Orientierungen für verschiedene Anlässe: als Vorschläge für Predigt und Verkündigung, für Angebote in der Bildungsarbeit, für Diskussionsforen und Vortragsreihen und nicht zuletzt zur persönlichen Meinungsbildung.

Isolde Niehüser

VERWENDETE SCHRIFTSTELLEN

TEXTNACHWEIS

(Bei einigen Texten konnten wir keine Quellen bzw. Rechtsinhaber ausfindig machen. Für Hinweise sind Herausgeberinnen und Verlag dankbar.)

S. 44: Romano Guardini, Immerfort, aus: Ders., Theologische Gebete, 10. Auflage 2001. In: Psalter und Gebete, S. 310. Verlagsgemeinschaft Matthias-Grünewald, Mainz/Ferdinand Schöningh, Paderborn. Alle Autorenrechte liegen bei der Katholischen Akademie in Bayern.
S. 45: Dorothee Sölle, Schöpfung und Zukunft, aus: Dies., Lieben und arbeiten. Eine Theologie der Schöpfung, © 1999 by Hoffmann und Campe Verlag, Hamburg.
S. 46: Rose Ausländer, »Gruß und Lebewohl«, aus: Dies., Gesammelte Werke in sieben Bänden. Band V. Ich höre das Herz des Oleanders. Gedichte 1977–1979. S. 155, © S. Fischer Verlag GmbH, Frankfurt am Main 1984.
S. 47: Hedwig Beckmann, Fallengelassen, aus: Die Tür, einen Spaltbreit geöffnet, © Hedwig Beckmann.
S. 48: Theresia Hauser, Bewusstwerden, aus: Dies., Offen für den Augenblick. Schauen – Fühlen – Denken – Beten, S. 43, © Schwabenverlag AG, Ostfildern 2002.
S. 52: Töchter der Sonne, aus: B. Fünfsinn, L. C. Hoch, C. Rösener (Hrsg.), Töchter der Sonne. Unterwegs zu einer feministischen Befreiungstheologie in Lateinamerika, EB-Verlag, Hamburg 19993; S. 17 Autorin unbekannt; übersetzt von Christiane Rösener.
S. 54: H. Becker und A. Gerhards, Lichtdanksagung, aus : Andreas Heinz/Heinrich Rennings, Heute segnen, © Freiburg 1990.
S. 65: Antje Sabine Naegeli, Noch einmal schaue ich, aus: Dies., Dass die Nacht Frieden bringt, Verlag Am Eschbach.
S. 82: Margot Käßmann, Gott, du bist den Leidenden nah, aus: Th. Broch/W. Tripp, Ihr sollt euch kein Bildnis machen. Predigten und Besinnungen zu Grundfragen des Lebens, S. 155, © Schwabenverlag AG, Ostfildern 2002.

LIEDREGISTER

Die Ziffer bezeichnet den Band FrauenGottesDienste, in dem das Lied abgedruckt ist. Lieder mit Tanzbeschreibung sind durch ein (T) gekennzeichnet.